1 Coríntios 13

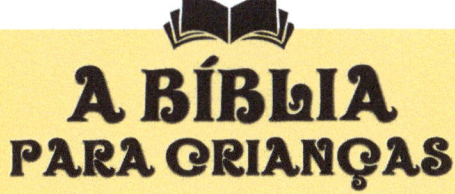

A BÍBLIA PARA CRIANÇAS

Se eu falasse todas as línguas do mundo e cantasse como os anjos, mas não fosse amável...

"Ainda que eu falasse as línguas dos homens e dos anjos, e não tivesse amor."

(1a)

...ninguém iria querer me escutar.

"Seria como o metal que soa ou como o címbalo que retine."

(1b)

Se eu fosse muito inteligente, compreendesse tudo e soubesse os planos secretos de Deus...

"E ainda que tivesse o dom de profecia, e conhecesse todos os mistérios e toda a ciência."

(2a)

E se eu tivesse tanta fé que pudesse mover uma montanha...

"E ainda que tivesse toda fé, de maneira tal que transportasse os montes."

(2b)

Mas se eu não amasse os outros, isso não significaria nada.

"E não tivesse amor, nada seria."
(verse 2c)

Se eu dividir todas as minhas coisas com os outros... mas não fizer isso com amor, não me vale nada.

"E ainda que distribuísse todos os meus bens para sustento dos pobres, e ainda que entregasse o meu corpo para ser queimado, e não tivesse amor, nada disso me aproveitaria."

O amor tem paciência e é cheio de gentileza.

"O amor é sofredor, é benigno."
(4a)

O amor não se gaba sobre o que tem. Quando eu amo, eu não me acho melhor do que os outros.

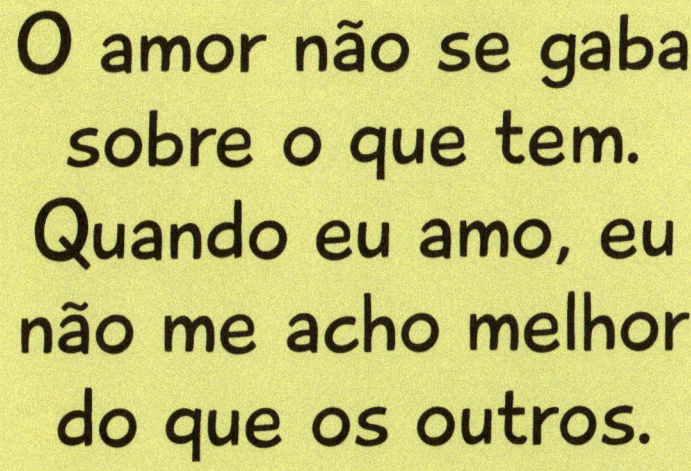

"O amor não é invejoso; o amor não se vangloria, não se ensoberbece."

(4b)

O amor não é rude, mesmo quando os outros são. Quando eu estou amando, não tenho que ser sempre o primeiro.

"Não se porta inconvenientemente, não busca os seus próprios interesses."

(5a)

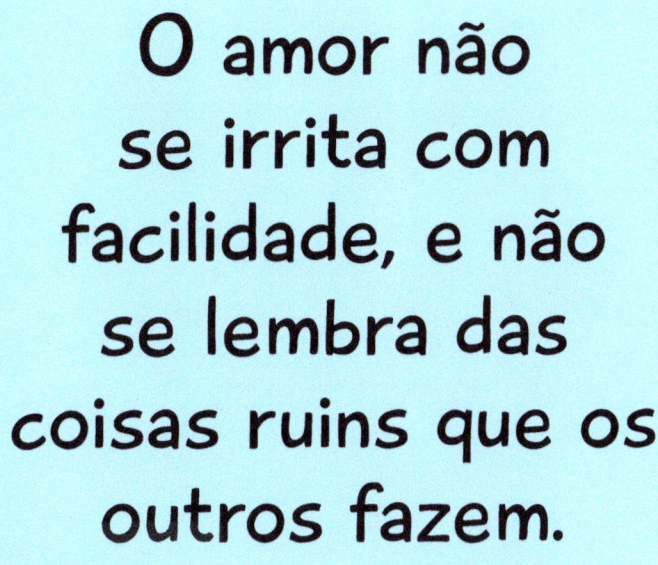

O amor não se irrita com facilidade, e não se lembra das coisas ruins que os outros fazem.

"Não se irrita, não suspeita mal."
(5b)

O amor não curte coisas más, mas fica contente com o que é bom.

"Não se regozija com a injustiça, mas se regozija com a verdade."

(6)

O amor cuida dos outros. Aceita os outros.

O amor segue em frente, mesmo quando as coisas ficam difíceis.

"Tudo sofre, tudo crê, tudo espera, tudo suporta."
(7)

O amor nunca falha,
nunca desiste.

"O amor jamais acaba."

(8a)

Eu poderia ser a criança mais inteligente da turma. Mas é sempre mais importante ser amável.

"Mas havendo profecias, serão aniquiladas; havendo línguas, cessarão; havendo ciência, desaparecerá."

(8b)

Há três coisas que ficarão para sempre: Fé, esperança e amor. Mas o mais importante destes é o amor.

"Agora, pois, permanecem a fé, a esperança, o amor, estes três; mas o maior destes é o amor."
(13)

www.iCharacter.org

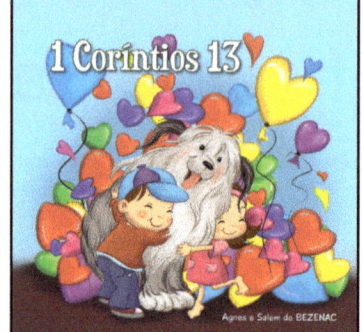

www.iCharacter.org
Por Agnes de Bezenac
Ilustrado por Agnes de Bezenac
Colorido por Sporg Studio
Copyright 2012 iCharacter Limited (IE)
Versão usada da Bíblia: João Ferreira de Almeida Atualizada

www.ingramcontent.com/pod-product-compliance
Lightning Source LLC
Chambersburg PA
CBHW040010080526
44586CB00028B/2957